Arthur Schopenhauer (1788-1860) fue un filósofo alemán conocido por su obra *El mundo como voluntad y representación*, donde desarrolla una filosofía pesimista influida por Kant y el budismo. Su pensamiento influyó en autores como Nietzsche, Freud y Borges.

ARTHUR SCHOPENHAUER

El arte de tener razón

Traducción de
ROBERTO BRAVO DE LA VARGA

PENGUIN CLÁSICOS

Papel certificado por el Forest Stewardship Council®

Penguin
Random House
Grupo Editorial

Título original: *Die Kunst, recht su behalten*

Primera edición: junio de 2025

1864, Arthur Schopenhauer
© 2025, Penguin Random House Grupo Editorial, S. A. U.
Travessera de Gràcia, 47-49. 08021 Barcelona
© 2025, Roberto Bravo de la Varga, por la traducción
Diseño de la colección: Penguin Random House

Printed in Spain – Impreso en España

ISBN: 978-84-9105-752-9
Depósito legal: B-6.386-2025

Compuesto en M. I. Maquetación, S. L.

Impreso en Black Print CPI Ibérica
Sant Andreu de la Barca (Barcelona)

PG 5 7 5 2 9

Sobre esta colección

En 1934, al regresar a Londres tras visitar a su amiga Agatha Christie, el joven editor Allen Lane hizo un alto en el quiosco de libros de la estación Exeter St Davids y notó que solo se vendían libros caros y de mala calidad. Comprendió que al público lector le haría falta justo lo contrario: buenos libros a un precio asequible. Al año siguiente fundó con sus dos hermanos Penguin Books, la empresa con la que creó el libro de bolsillo e inició una revolución editorial en todo el mundo.

El primer lote de libros de Penguin se lanzó en julio de 1935 y consistió en diez títulos. Los libros tenían un diseño distintivo y uniforme: cubiertas con dos bandas horizontales de color naranja y el logotipo de un pingüino impreso en el frontal. Esta uniformidad contribuyó a que fueran fácilmente reconocibles, mientras que la calidad de la selección demostraba el atractivo de la colección. En los diez meses siguientes al lanzamiento se vendieron más de un millón de ejemplares a seis peniques cada uno.

Los hitos siguieron sucediéndose. En su afán por acercar los libros al público, en 1937 Lane ideó la Penguincubator, una máquina expendedora que ofrecía una selección de libros de bolsillo en la estación de Charing Cross Road, Londres, para que nadie se quedara sin su libro al esperar el tren. Con mayor impacto aún, en 1946 la empresa lanzó la colección Penguin Classics, a fin de que los mejores libros jamás escritos estuviesen a disposición de todos. Su primer título, la *Odisea* en traducción de E. V. Rieu, se convirtió en un best seller.

En la actualidad, Penguin Clásicos, heredera de Penguin Books, sigue haciendo honor a los principios fundadores de Allen Lane. Y con ello bien presente esta serie de clásicos quiere rendir homenaje al diseño original que tanto contribuyó a crear un referente en el mundo de la lectura.

El arte de tener razón

Índice

Dialéctica erística

La *dialéctica*[1] *erística* es el arte de discutir, y de hacerlo de tal manera que uno tenga siempre *razón*, por fas o por nefas.[2] De hecho, uno puede tener

1. En general, para los antiguos, 'lógica' y 'dialéctica' eran términos sinónimos; también lo son para los modernos.

2. La palabra *'erística'* viene a significar lo mismo, solo que lo expresa de una manera más rotunda. Aristóteles (véase Diógenes Laercio, *Vidas y opiniones de los filósofos más ilustres*, V, 28) separó, por un lado, la retórica y la dialéctica, cuyo propósito es la persuasión, τὸ πιθανόν, y por otro, la analítica y la filosofía, cuya meta es la verdad. Διαλεκτικὴ δ᾽ ἐστί τέχνη λόγων, δι᾽ ἧς ἀνασκευάζομεν τι ἢ κατασκευάζομεν, ἐξ ἐρωτήσεως καὶ ἀποκρίσεως τῶν προσδιαλεγομένων [La dialéctica es el arte de las discusiones mediante el cual confirmamos o refutamos cierta tesis por medio de la pregunta y la respuesta de los interlocutores] (*ibid.*, III, 48). Así pues, Aristóteles distingue: 1) la *lógica* o analítica, como la teoría o el método para formular juicios verdaderos o apodícticos; 2) la *dialéctica* o el método para formular juicios plausibles, verosímiles —ἔνδοξα, *probabilia* (*Tópicos*, I, 1 y 12)—, que no se ha demostrado que sean falsos, pero tampoco verdaderos (en sí y por sí), pues no se trata de eso. Pero ¿qué es esto más que el arte de tener razón, independientemente

razón en un asunto desde un punto de vista *objetivo* y, sin embargo, parecer equivocado a ojos de los demás y a veces de uno mismo. Es lo que ocurre cuando el adversario rebate una de mis afirmaciones y aprovecha esta circunstancia para poner en cuestión todo mi razonamiento, aunque existan otras pruebas que lo respalden. En este caso, como es obvio, sucede lo opuesto: parece que mi adversario lleva razón, aunque objetivamente se equivoque. Por lo tanto, la verdad objetiva de una proposición y su aprobación por parte de aquellos que discuten y de quienes los escuchan son dos cosas distintas. (De esto último se ocupa la dialéctica).

¿Cuál es el motivo? La maldad natural del ser humano. De otro modo, si tuviéramos buen fondo, si fuéramos honestos, entraríamos a debatir con el

---

de que uno esté o no en lo cierto? Es decir, el arte de presentar algo como verdadero, sin preocuparse de si en realidad lo es. Como acabamos de decir, Aristóteles divide los juicios en lógicos y dialécticos; luego menciona 3) los *erísticos* (erística), en los que el razonamiento es formalmente correcto, pero las proposiciones, la materia, no lo son, sino que solo lo parecen; y, por último, 4) los *sofísticos* (sofística), en los que el razonamiento es erróneo, pero parece acertado. En realidad, las tres últimas categorías pertenecen a la *dialéctica erística*, ya que no atienden a la verdad objetiva, sino a su apariencia, ni siquiera se preocupan de ella, lo único que importa es *arrogarse la razón*. Además, el tratado sobre los juicios sofísticos no se editó hasta más tarde y por separado. Era el último libro de la *Dialéctica*.

único propósito de que la verdad saliera a la luz, sin preocuparnos en absoluto de si esta concuerda con la opinión de la que nosotros partíamos o con la del otro; eso sería indiferente o, en cualquier caso, algo muy secundario. Sin embargo, ahora es lo principal. Nuestra vanidad innata, que es especialmente susceptible en lo que respecta a las facultades intelectuales, se niega a aceptar que lo que habíamos planteado en un principio resulte ser falso y que nuestro adversario estuviera en lo cierto. Conforme a esto, bastaría con que cada cual se esforzase por juzgar rectamente y, para ello, primero tendría que pensar y luego hablar. Pero, en la mayoría de las personas, esa vanidad se une a la charlatanería y a una *falta de honradez* igualmente innata. Hablan antes de haber pensado y, aunque luego se den cuenta de que su afirmación era falsa y, por tanto, de que estaban equivocados, debe *parecer* lo contrario. En estas condiciones, el interés por la verdad, que generalmente es el único motivo para sostener que una proposición es cierta, cede por entero ante el interés de la vanidad: lo verdadero debe parecer falso y lo falso, verdadero.

Sin embargo, incluso esa falta de honradez, ese empeño en seguir defendiendo algo cuando ya nos parece falso, puede tener una disculpa. Muchas veces, al principio, estamos plenamente convencidos de que lo que afirmamos es verdad, hasta que la argumentación del adversario echa por tierra nuestro razonamiento; si nos precipitamos y damos el asunto por zanjado, no sería extraño que más adelante descubriéramos que, en realidad, estábamos en lo cierto: que nuestras pruebas no fueran válidas no significa que no existan otras que sí lo sean, lo que pasa es que en ese momento no habíamos dado aún con el argumento decisivo. En consecuencia, seguimos la máxima de resistirnos al razonamiento del adversario, incluso cuando parece acertado y concluyente, con la esperanza de que su validez sea solo ilusoria y que en el transcurso del debate se nos ocurra un nuevo argumento con el que podamos socavar su posición o fundamentar la nuestra por otra vía. De ahí que nos sintamos prácticamente obligados o, por lo menos, tentados a dejar de lado la honradez en nuestras discusiones. Es así como la debilidad de nuestro intelecto y lo torcido de nuestra voluntad se refuerzan mutuamente. Por eso, en términos generales, quien discute no defiende la verdad, sino su propio punto de vista, y lo hace como si estuviera luchando *pro aris et focis* [por los altares y los hogares, es decir, por la patria, la familia o los valores fundamentales], con la intención de imponerse a su adversario por fas o por nefas, ya que, como se ha indicado, no puede actuar de otro modo.

De esta manera, por regla general, cada cual procura que su opinión prevalezca sobre la de los demás, incluso aunque en algún momento le parezca falsa o dudosa.[3] Los medios para conseguirlo son, en buena medida, los que le proporcionan su astucia y su malicia; esto es lo que se aprende cuando uno discute a diario. Hay que decir que cada cual tiene su *dialéctica natural* y también su *lógica natural*, lo que pasa es que la primera no le proporcionará, ni de lejos, una guía tan segura como la segunda. No es fácil encontrar a alguien que piense o saque conclusiones en contra de las leyes de la lógica: los juicios erróneos son frecuentes; las deducciones erróneas, sumamente raras. Las deficiencias que observamos

3. Maquiavelo aconseja al príncipe que aproveche los momentos de debilidad de su vecino para atacarle, porque, de lo contrario, será este quien aproveche los suyos para ir contra él. Si reinaran la lealtad y la honradez, la situación sería distinta; pero como no se puede contar con ellas, tampoco deben practicarse, pues rara vez se ven recompensadas. Lo mismo ocurre en una discusión: si le doy la razón al adversario en el momento en que parece tenerla, será difícil que él haga lo mismo conmigo cuando cambien las tornas; como no se atendrá a la justicia, tampoco yo debo hacerlo. Es fácil decir que uno debe buscar únicamente la verdad, sin apegarse a sus opiniones; pero como no puedo dar por supuesto que el otro vaya a proceder de ese modo, tampoco yo debería obrar así. Además, si renuncio a mi idea, pese a haber reflexionado sobre ella, porque en un primer momento me parece que el adversario tiene razón, puede ocurrir que renuncie a la verdad y abrace el error llevado simplemente por un impulso.

no afectan tanto a la lógica natural como a la dialéctica natural. Esta última es un don que se reparte de manera muy desigual (en esto se asemeja al juicio, que varía mucho de una persona a otra, mientras que la razón es pareja en todos). Así, sucede a menudo que, aunque uno tenga razón, se deja confundir y refutar por una argumentación engañosa, y viceversa, que, aun estando equivocado, consigue imponerse con alguna argucia. Por lo general, quien resulta vencedor en una discusión no es quien ha demostrado su buen juicio a lo largo del debate, sino quien ha sabido defender su postura con astucia y habilidad. En este caso, como ocurre siempre, quien posee ese talento innato juega con ventaja.[4] Sin embargo, el ejercicio y la reflexión sobre las maniobras con las que se puede derribar al adversario, o sobre aquellas que él emplea para derribarnos a nosotros, contribuirán notablemente a convertirnos en maestros de este arte. Por tanto, aunque la lógica no tenga ninguna utilidad práctica, sí puede tenerla la dialéctica. Me parece también que, en el fondo, Aristóteles concibió su auténtica lógica (la analítica) como base y preparación para la *dialéctica*, que para él era lo capital. La lógica se ocupa únicamente de la forma de

4. *Doctrina sed vim promovet insitam* [La enseñanza, sin embargo, perfecciona las facultades innatas], Horacio, *Odas*, IV, 33.

las proposiciones; la dialéctica, en cambio, de su contenido o materia, del asunto. Por ello, el estudio de la *forma*, como elemento general, debía preceder al del contenido, que es particular.

Aristóteles no define la meta de la dialéctica con tanta precisión como yo lo he hecho. Reconoce, desde luego, que su fin primordial es el debate, pero, al mismo tiempo, la relaciona con la búsqueda de la verdad (*Tópicos*, I, 2). Más adelante añade: «Así pues, en relación con la filosofía, hay que tratar acerca de estas cosas conforme a la verdad, mientras que, en relación con la opinión (δόξα), se han de tratar dialécticamente» (*Tópicos*, I, 14). Sin duda, es consciente de la diferencia que separa la verdad objetiva de un postulado, por un lado, y el razonamiento que seguimos para hacerlo valer o para obtener la aprobación de los demás, por otro; sin embargo, la frontera que traza entre ambos ámbitos no es lo bastante clara como para asignarle a la dialéctica esta última función en exclusiva.[5]

5. Por otra parte, en sus *Refutaciones sofísticas*, Aristóteles pone especial cuidado en separar la *dialéctica* de la *sofística* y la *erística*. La diferencia estriba en que los razonamientos dialécticos son correctos tanto en su forma como en su contenido, mientras que los erísticos o sofísticos son falsos (de hecho, lo que distingue a unos de otros es el propósito que persiguen: el de los primeros, los erísticos, es conseguir que nos den la razón; el de los segundos, los sofísticos, es alcanzar reconocimiento y, gracias a ello, ganar dinero). No está nada claro cómo podemos saber si un razonamiento es correcto en cuanto a su conteni-

De hecho, las reglas que establece para alcanzar uno y otro fin se confunden a menudo, por eso conside-

---

do y, por lo tanto, no debemos utilizar este criterio para establecer distinción alguna; desde luego, quienes participan en la discusión carecen de elementos de juicio para decidirlo y la conclusión a la que puedan llegar tampoco nos ofrece ninguna certeza. Por lo tanto, dentro de la *dialéctica* de Aristóteles, debemos incluir la erística, la sofística y la peirástica, y definirla como el *arte de tener razón en las discusiones*. Por supuesto, conocer de antemano la verdad objetiva ayuda mucho; pero esto por sí mismo no es suficiente, ya conocemos la mentalidad de los hombres, y tampoco es absolutamente necesario, dada su debilidad intelectual. Existen, por tanto, otras estrategias que, al ser independientes de la verdad objetiva, pueden resultar útiles cuando uno no tiene razón, algo que, como decíamos, no se sabe casi nunca con absoluta certeza. Mi opinión, por lo tanto, es que hay que diferenciar la *dialéctica* de la *lógica* con mucha más precisión de lo que lo hizo Aristóteles; es decir, dejar a la *lógica* la verdad objetiva, en la medida en que esta sea *formal*, y limitar la *dialéctica* a los recursos que nos permiten *tener razón*. Por otro lado, la *sofística* y la *erística* no pueden separarse de esta última, como hace el filósofo, ya que esta distinción se basa en la verdad objetiva y material, de la que, en principio, no sabemos nada, lo único que podemos hacer es preguntar como Poncio Pilato: *«quid est veritas?»* [¿qué es la verdad?]. Según Demócrito, *«veritas est in puteo»* (ἐν βυθῷ ἡ ἀλήθεια) [la verdad está en lo profundo] (Diógenes Laercio, *op. cit.*, IX, 72). Es fácil decir que el único propósito de un debate consiste en hacer que la verdad salga a la luz; pero el hecho es que no sabemos dónde se encuentra, porque tanto los argumentos del adversario como los nuestros propios nos inducen a error. Por lo demás, *re intellecta, in verbis simus faciles* [cuando se comprende algo, expresarlo con palabras resulta sencillo]. Dado que, en general, acostumbramos a utilizar el término '*dialéctica*' como sinónimo de '*lógica*', llamaremos a nuestra disciplina *dialéctica erística*.

ro que no supo resolver con la debida pulcritud la tarea que se había impuesto.[6]

En los *Tópicos*, Aristóteles fundamentó la dialéctica con el espíritu científico que lo caracteriza, de un modo extraordinariamente metódico y sistemático, lo cual merece admiración, aunque no llegó a cumplir del todo su propósito, que, en este caso, era claramente práctico. Si en los *Analíticos* se había dedicado a examinar conceptos, juicios y razonamientos desde un punto de vista puramente *material*, en este nuevo tratado se centra en el *contenido*, que depende de los primeros, ya que deriva directamente de ellos. Proposiciones y razonamientos, considerados en sí mismos, son simples moldes, a los que los conceptos dotan de contenido.[7]

6. Es imprescindible definir cuidadosamente el objeto de una disciplina para distinguirla de las demás.

7. Los conceptos se pueden clasificar en distintas categorías como género y especie, causa y efecto, propio y contrario, posesión y privación, y otras análogas. Estas categorías obedecen a ciertas reglas generales que se conocen como *loci* o τόποι. Por ejemplo, un *locus* de causa y efecto sería: «la causa de la causa es causa del efecto» [Christian Wolff, *Ontología*, § 928]. En la práctica, podríamos decir que si la causa de mi felicidad es mi riqueza, quien me dio la riqueza es el artífice de mi felicidad. Hay *loci* fundados en opuestos: 1) que se excluyen mutuamente, por ejemplo, derecho y torcido; 2) que coexisten en un mismo sujeto, por ejemplo, si el amor reside en la voluntad (ἐπιθυμητικόν), también lo hará el odio; si el odio reside en el sentimiento (θυμοειδές), también lo hará el amor; si el alma no

puede ser blanca, tampoco puede ser negra; 3) que no alcanzan el grado inferior y, por lo tanto, tampoco el superior, por ejemplo, un hombre que no es justo tampoco es benevolente. Como se puede observar, los *loci* son *verdades generales aplicables a clases enteras de conceptos, a las que se puede recurrir, llegado el caso, para construir argumentos o para invocarlas como principios universalmente aceptados.* Sin embargo, la mayor parte de ellos son muy engañosos y presentan muchas excepciones. Tomemos como ejemplo el siguiente *locus*: los opuestos y sus cualidades se encuentran en relación complementaria, por ejemplo, la virtud es bella y el vicio, feo, la amistad es benevolente y la enemistad, malvada; ahora bien, no podemos decir que el derroche sea un vicio y, por lo tanto, la avaricia una virtud, que si los locos dicen la verdad, los cuerdos mienten, o que si la muerte consiste en desaparecer, la vida no es más que hacerse presente. Un ejemplo de la falacia de tales τόποι lo encontramos en *Sobre la predestinación*, de Juan Escoto Erígena. En el capítulo III, pretende refutar a los herejes que le atribuyen a Dios una doble predestinación (unos hombres, los elegidos, están destinados a la salvación, y otros, los repudiados, a la condenación) y, para ello, utiliza este τόπος (¡sabe Dios de dónde lo habrá sacado!): *Omnium, quae sunt inter se contraria, necesse est eorum causas inter se esse contrarias; unam enim eandemque causam diversa, inter se contraria efficere ratio prohibet* [Todo lo que es contrario entre sí, requiere causas contrarias entre sí; pues la razón no admite que una única y misma causa produzca efectos diversos y contrarios entre sí]. ¡Muy bien! Pero *experientia docet* [la experiencia enseña] que es el mismo calor el que endurece la arcilla y derrite la cera. Se podrían citar cientos de ejemplos semejantes. No obstante, el τόπος parece plausible. Aunque no entremos en ella, toda la argumentación de Erígena se apoya sobre esta base, que ni siquiera se molesta en justificar. Francis Bacon recopiló toda una colección de *loci*, junto con sus refutaciones, titulada *Colores boni et mali* [*Colores del bien y del mal*]. Pueden servirnos de ejemplo. Él se refiere a ellos como σοφίσματα [sofismas]. También pue-

La dinámica que se adopta es la siguiente: todo debate parte de una tesis o un problema (una distinción meramente formal) y se desarrolla a través de proposiciones que relacionan unos conceptos con otros para encontrar una solución. Las relaciones que se establecen son básicamente cuatro, ya que lo que interesa de un concepto es o 1) su definición, o 2) su género, o 3) su carácter propio, su esencia, su *proprium*, su ἴδιον, o 4) su *accidens*, es decir, una cualidad cualquiera, sin importar si es distintiva y exclusiva; en suma, los elementos de un predicado.

_____

de considerarse un *locus* el argumento que Sócrates utiliza en el *Banquete* para refutar a Agatón, que había atribuido al amor todas las cualidades excelentes, como la belleza, la bondad, etc., demostrando que ocurre justo al contrario: lo que se busca, no se posee; si el amor busca lo bello y lo bueno, es que no los posee. Parece que existen ciertas verdades generales que podrían aplicarse a todo y, por lo tanto, llegado el caso, podrían resolver problemas concretos, por diferentes que fueran, sin tener que entrar al detalle (la ley de la compensación es un excelente ejemplo de *locus*). Sin embargo, no es así, y no lo es porque los conceptos surgen cuando hacemos abstracción de las diferencias, de ahí que comprendan objetos tan diversos, diversidad que vuelve a ponerse de manifiesto cuando aplicamos dichos conceptos a la realidad concreta, sumamente heterogénea, que escapa a esas categorías universales. De hecho, es natural que, cuando el ser humano se ve acorralado en un debate, busque refugio en algún τόπος común. La *lex parsimoniae naturae* [ley de economía de la naturaleza] y el principio *natura nihil facit frustra* [la naturaleza no hace nada en vano] también son *loci*. Lo mismo se puede decir de los proverbios y refranes, *loci* de carácter práctico.

Todo problema, toda discusión gira en torno a una de estas relaciones, que constituyen el fundamento de la dialéctica. En los ocho libros de los *Tópicos*, Aristóteles estudia todas las posibilidades de combinación entre conceptos en los cuatro ámbitos mencionados y define las reglas que han de cumplir en cada caso; es decir, cómo debe relacionarse un concepto con otro para ser su *proprium* [propio, propiedad], su *accidens* [accidente], su *genus* [género] o su *definitum* [definición]; qué errores se suelen dar al establecer estas relaciones, qué aspectos se deben tener en cuenta al formularlas (κατασκευάζειν) y qué se puede hacer para refutarlas (ἀνασκευάζειν) cuando otro las plantea. Aristóteles utiliza el término τόπος, *locus* [tópico], para referirse a la formulación de cada una de estas reglas y a las relaciones entre conceptos o clases. Menciona un total de trescientos ochenta y dos τόποι, de ahí que su obra se titule *Tópicos*. Incluye además ciertas normas comunes que habría que tener en cuenta en una discusión, aunque no se trata, ni mucho menos, de un catálogo exhaustivo.

El τόπος, por lo tanto, no es algo puramente material; no se refiere a un objeto o a un concepto determinado, sino a una relación entre clases enteras de conceptos, que puede abarcar un gran número de ellos, siempre y cuando se consideren entre sí bajo uno de los cuatro aspectos que hemos mencionado, presentes en toda discusión. Además, cada uno de estos aspectos se subdivide, a su vez, en categorías secundarias. En cierta medida, el tratamiento que se hace sigue siendo puramente formal, aunque no tanto como en la lógica, que se ocupa del *contenido* de los *conceptos* desde un punto de vista abstracto, indicando cómo debe relacionarse el contenido del concepto A con el del concepto B para que pueda presentarse como su *genus*, su *proprium*, su *accidens* o su *definitum*, o conforme a las categorías secundarias subordinadas a ellos como oposición (ἀντικείμεον), causa y efecto, posesión o privación, etc. Como ya se ha dicho, toda discusión gira en torno a una de estas relaciones. La mayoría de las reglas que Aristóteles presenta como τόποι, ligadas con estos aspectos, son aquellas que están en la naturaleza de las relaciones conceptuales que todos conocemos y que exigimos que el adversario respete, tal como ocurre en la lógica. Por otra parte, resulta más fácil observar estas reglas o señalar su incumplimiento en un caso concreto que acordarse del τόπος abstracto correspondiente; por eso, la utilidad práctica de esta dialéctica es escasa. Casi todo lo que afirma resulta evidente y la sana razón lo reconoce de inmediato. Por ejemplo: «Ya que es necesario que, de las cosas de las que se predica el género (*genus*), se predique también alguna de las especies (*species*), también lo es que todas aquellas que poseen género posean alguna de las especies, pues de otro modo el predicado será falso. Por ejemplo, si se predica que el alma está dotada de movimiento, tendrá que poseer necesariamente alguna de sus especies: volar, caminar, crecer, disminuir, etc.; si no es así, es que carece de *movimiento*. Es decir, cuando no se puede predicar alguna de las especies, tampoco se puede predicar el género: este es el τόπος». Este τόπος, el número nueve, sirve tanto para sostener una tesis como para refutarla. También se puede formular a la inversa, si no se puede predicar el género, tampoco se puede predicar ninguna de las especies. Supongamos, por ejemplo, que se afirma que alguien ha hablado mal de otro: si logramos demostrar que no habló en absoluto, estaremos probando que no pudo hablar mal de esa persona, ya que, si el género no existe, tampoco puede existir la especie. A propósito del carácter propio (*proprium*), el τόπος doscientos quince dice lo siguiente: «En primer lugar, si el adversario señala como carácter propio de un objeto algo que solo se percibe por medio de los sentidos, podrá ser refutado, pues todo lo sensible se vuelve incierto en el momento en que sale del ámbito de los sentidos. Por ejemplo, si señala como carácter propio del Sol ser el astro más brillante de cuantos pasan por encima de la Tierra, su afirmación carecerá de validez, pues, cuando el sol se pone, no sabemos si pasa por encima de la Tierra, ya que entonces se encuentra fuera del ámbito de los sentidos. En segundo lugar, si alguien señala como carácter propio de un objeto algo que no se percibe por medio de los sentidos o que, siendo perceptible, se presenta como necesario, no podrá ser refutado. Por ejemplo, si señala como carácter propio de la *superficie* ser lo que primero se colorea, aunque se trate de un rasgo perceptible por los sentidos, al presentarse como necesario, se considerará correcto». Esto servirá para dar una idea de la dialéctica de *Aristóteles*. Me parece que no logra su propósito, por eso he intentado abordar el problema desde otro punto de vista. Los *Tópicos* de Cicerón son una imitación de los de Aristóteles, un trabajo sumamente pobre y superficial, que realizó apoyándose en su memoria. Cicerón no tiene una idea clara de qué es un τόπος ni para qué sirve, así que termina improvisando un discurso *ex ingenio* [inventado], en el que mezcla todo tipo de razonamientos carentes de sentido, adornándolos con numerosos ejemplos procedentes del campo del derecho. Es uno de sus peores escritos.

Para definir la *dialéctica* con pulcritud hay que entenderla únicamente como *el arte de tener razón* sin preocuparse de la verdad objetiva (que es asunto de la lógica). No cabe duda de que esta tarea resultará mucho más fácil si uno se encuentra en posesión de la verdad. Ahora bien, el fin de la dialéctica como tal consiste en enseñarnos a rechazar toda clase de ataques, en particular los deshonestos, y en proporcionarnos recursos para desmontar los argumentos del adversario sin incurrir en contradicciones y, sobre todo, sin ser refutados. Hay que separar claramente la búsqueda de la verdad objetiva del arte de lograr que nuestros postulados sean aceptados como verdaderos. La primera es una πραγματεία [tarea] específica que corresponde al juicio, a la reflexión y a la experiencia, y no constituye el objeto de ningún arte; lo segundo es el objeto de la dialéctica. Se la ha definido como la lógica de la apariencia; pero es un error, pues entonces serviría únicamente para defender postulados falsos y es un hecho que también recurrimos a ella para defender la verdad. Además, conviene conocer las estratagemas que encubren un engaño para rebatirlas y, en muchas ocasiones, para atacar al adversario con sus mismas armas. Por eso, en la dialéctica hay que dejar a un lado la verdad objetiva o considerarla como algo accidental, centrándonos únicamente en defender nuestro razonamiento y echar por tierra el del contrario. Las reglas de este arte nos permiten obviar la verdad objetiva, porque en la mayoría de los casos ignoramos dónde se encuentra.[8] Sucede a menudo que uno mismo no sabe si tiene razón, o cree tenerla y se equivoca, o lo creen ambas partes, pues, como dice Demócrito, *«veritas est in puteo»* (ἐν βυϑῷ ἡ ἀλήϑεια) [la verdad está en lo profundo]. Por regla general, al inicio de la disputa, las partes están convencidas de llevar razón; a medida que esta avanza, les van surgiendo dudas; y no es hasta que concluye cuando la verdad se esclarece y ratifica. Pero la dialéctica no debe entrar en esto; igual que el maestro de esgrima no debe preocuparse de quién llevaba razón en la pelea que condujo al duelo. Lo único que importa es cómo asestar o parar una estocada. En este sentido, la dialéctica vendría a ser una esgrima intelectual. Solo si la concebimos desde este punto de vista y la definimos con pulcritud, puede reivindicarse como una disciplina independiente, pues si nuestro objetivo fuera la búsqueda de la verdad, tendríamos que remitirnos a la mera *lógica*, y si consistiera en defender argumentos falsos, caeríamos en la pura *sofística*. En ambos casos estaríamos asumiendo que sabemos lo que objetivamente es verdadero o falso,

---

8. No es raro que dos personas discutan apasionadamente y luego se vuelvan a casa pensando que el otro tenía razón: han intercambiado sus puntos de vista.

algo que rara vez se conoce de antemano. Así pues, la idea de dialéctica es exactamente la que se ha apuntado: una esgrima intelectual que nos permite tener razón en las discusiones. Aunque *erística* sería el término más correcto, puede que sea mejor hablar de *dialéctica erística*. Y es muy útil, aunque en los últimos tiempos se haya desatendido injustamente.

En este sentido, la dialéctica debe limitarse a recapitular y exponer de manera sistemática y ordenada aquellas artes de las que la naturaleza nos ha dotado y que la mayoría de las personas emplean cuando saben que la verdad no está de su parte, pero necesitan que les den la razón. Por eso, la dialéctica científica no tiene en cuenta la verdad objetiva ni aspira a sacarla a la luz, ya que sería contrario a sus intereses, pues la dialéctica natural, en su origen, tampoco se preocupa de esto, sino de tener razón, que es su único propósito. La tarea principal de la dialéctica científica, concebida en estos términos, es *exponer y analizar las estratagemas* que se emplean en debates reales *con el fin de engañar*, para poder identificarlas y desmontarlas de inmediato. Atendiendo a esta premisa, su meta final no puede ser la verdad objetiva, sino el hecho de tener razón.

Aunque he investigado a fondo, no me consta

que se hayan realizado progresos en este campo.[9] Es, de algún modo, un terreno por cultivar. Para poder avanzar deberíamos partir de la experiencia, observar los debates que se producen en nuestro entorno y examinar las estratagemas que utiliza una y otra parte, con el fin de determinar cuáles son las más frecuentes y descubrir qué patrones siguen. Esto nos permitiría establecer unos procedimientos generales, que podríamos utilizar para respaldar nuestros argumentos o para desbaratar los del adversario.

Lo que sigue debe considerarse una *primera tentativa*.

---

9. Según Diógenes Laercio, entre los numerosos escritos retóricos de Teofrasto, perdidos en su totalidad, había uno titulado Ἀγωνιστικὸν τῆς περὶ τοὺς ἐριστικοὺς λόγους θεωρίας [*Discusión sobre la teoría de los discursos erísticos*]. Este sería nuestro tema.

Base de toda dialéctica

Empecemos por considerar *la esencia de toda discusión*, es decir, lo que ocurre realmente. El adversario plantea una *tesis* (o lo hacemos nosotros, eso da igual). Podemos refutarla de dos modos y por dos vías:

1) *Los modos*: a) *ad rem* [en referencia al asunto], b) *ad hominem* [en referencia a la persona con la que se discute] o *ex concessis* [en referencia a los argumentos que ha aceptado]; es decir, mostramos que la tesis no está de acuerdo con la naturaleza del objeto, con la verdad objetiva, absoluta, o que entra en contradicción con las afirmaciones que el adversario ha realizado o ha dado por válidas, con la verdad subjetiva, relativa. Esto último no puede considerarse una prueba irrefutable, pues no afecta a la verdad objetiva del asunto.

2) *Las vías*: a) refutación *directa*, b) indirecta. La refutación directa ataca la tesis en sus *fundamentos*; la indirecta, en sus consecuencias. La directa mues-

tra que la tesis no es verdadera; la indirecta, que no puede serlo.

En la refutación directa podemos hacer dos cosas: o bien mostramos que la base de la afirmación es falsa, *nego maiorem* [niego la mayor], *nego minorem* [niego la menor]; o bien la admitimos, pero mostramos que partiendo de ella no se llega a ese resultado, *nego consequentiam* [niego la consecuencia], es decir, atacamos la *consecuencia*, la conclusión formal.

En la refutación *indirecta* utilizamos la *apagoge* o la *instancia*.

En la *apagoge*, ἀπαγωγή, *reductio* [reducción lógica], asumimos que el postulado del adversario es válido y luego lo utilizamos como premisa en un razonamiento uniéndolo a otro postulado que ya se reconoce como cierto, para llegar a una conclusión manifiestamente falsa, ya sea porque contradice la naturaleza del objeto[10] o porque contradice el resto de las afirmaciones del adversario; es decir, resulta ser erróneo tanto *ad rem* como *ad hominem* (esta es la estrategia que sigue Sócrates en el *Hipias mayor* y en otros diálogos). Esto implica que el postulado del adversario no era válido, ya que de una premisa verdadera solo pueden derivarse conclusiones verdade-

---

10. Si contradice una verdad absolutamente incuestionable, nos habremos impuesto al adversario con una *reductio ad absurdum*.

ras, mientras que de una falsa no siempre se derivan conclusiones falsas.

En la *instancia*, ἔνστασις, *exemplum in contrarium* [contraejemplo], refutamos el postulado del adversario directamente, señalando casos concretos que no concuerdan con lo que este afirma, por lo que deducimos que ha de ser falso.

Este es el andamiaje, el esqueleto de toda discusión; aquí tenemos su osteología. En el fondo, cualquier disputa se reduce a esto. Ahora bien, la controversia puede ser real o solo aparente, puede fundarse en razones legítimas o espurias; y como no resulta fácil distinguir cuál es el caso, los debates suelen ser largos y encarnizados. Tampoco podemos separar los razonamientos verdaderos de los falsos, porque ni siquiera los que están implicados en la discusión podrían decidirlo de antemano. Por lo tanto, pasaré a exponer las *estratagemas* sin tener en cuenta si se tiene o no razón desde un punto de vista *objetivo*; pues ni siquiera uno mismo puede saberlo con certeza y, por otra parte, esta cuestión ha de ser resuelta mediante el debate. Por cierto, en toda polémica y, en general, en toda argumentación, debe existir un acuerdo sobre los principios de los que se parte para juzgar el asunto del que se trata: *Contra negantem principia non est disputandum* [No se puede discutir con quien niega los principios].

Treinta y ocho estratagemas

Estratagema 1

La amplificación. Consiste en tomar la afirmación del adversario y llevarla más allá de sus límites naturales, interpretándola de la manera más general posible, en su sentido más amplio, para exagerarla. La propia afirmación, en cambio, debe restringirse al máximo, ceñirse a unos límites estrictos, pues cuanto más general sea una afirmación, más expuesta estará a los ataques. El mejor remedio contra la amplificación sería establecer claramente los *puncti* [puntos que se debaten] o el *status controversia* [estado de la cuestión].

Ejemplo 1. Hice la siguiente afirmación: «Los ingleses destacan por encima del resto de las naciones en lo que respecta al arte dramático». Para rebatirme, mi adversario recurrió a una *instancia* y dijo: «Como todo el mundo sabe, los ingleses no han destacado en la música y, por lo tanto, tampoco en la ópera». Me defendí recordándole que «la música no forma parte del *arte dramático*, que comprende únicamente la tragedia y la comedia», algo que él ya sabía; no obstante, había intentado generalizar mi afirmación para que abarcase todas las representaciones teatrales, incluida la música y, por lo tanto, también la ópera, asegurándose así la victoria. A la inversa, se puede salvar la propia afirmación restringiéndola más de lo que se pretendía en un principio, siempre que la expresión utilizada lo permita.

Ejemplo 2. A afirma lo siguiente: «La paz de 1814 devolvió la independencia a todas las ciudades hanseáticas alemanas». B responde con una *instantia in contrarium*, señalando a Danzig, que había conseguido su independencia gracias a Bonaparte y la perdió con aquella paz. Pero A logra esquivar el ataque: «Yo me he referido a "las ciudades hanseáticas alemanas"; Danzig era una ciudad hanseática polaca». Esta estratagema ya la enseñaba Aristóteles (*Tópicos*, VIII, 12, 11).

Ejemplo 3. En su *Filosofía zoológica*, Lamarck niega que los pólipos tengan sensibilidad, pues carecen de nervios. Pero está claro que *perciben*, pues se desplazan de rama en rama buscando la luz y cazan a sus presas. Por ello, se ha asumido que la masa nerviosa está distribuida de manera uniforme por todo el cuerpo, como si estuviera fundida con él, pues es evidente que tienen algún tipo de percepción, aunque sin órganos sensoriales diferenciados. Como esto invalida su hipótesis, *Lamarck* argumenta de forma dialéctica: «Si fuera así, todas las partes del cuerpo del pólipo podrían experimentar *cualquier tipo* de sensación, y estarían dotadas de movimiento, de voluntad, de *pensamiento*, pues cada punto de su cuerpo poseería los órganos de las especies animales más perfectas. Cada parte podría ver, oler, gustar, oír, etc., y también pensar, juzgar, deducir; en definitiva, cada punto de su cuerpo sería un animal completo, y el mismo pólipo ocuparía un lugar superior al del ser humano, pues cada una de sus partes dispondría de todas las capacidades que el hombre solo posee en su totalidad. Más aún, no habría ninguna razón para que lo que se afirma del pólipo no se hiciera extensivo a la *mónada*, el más imperfecto de todos los seres, y, finalmente, también a las plantas, que, por supuesto, también están vivas, etc.». El hecho de que un autor recurra a esta clase de estratagemas dialécticas anima a pensar que, en el fondo, es consciente de que está equivocado. Como se ha afirmado que «todo su cuerpo es sensible a la luz, lo que sugiere una estructura nerviosa», él lo lleva al extremo y concluye que todo el cuerpo piensa.

Estratagema 2

Usar la *homonimia* para extender una afirmación a algo que posee el mismo nombre, pero que poco o nada tiene que ver con el asunto que se está tratando, para luego refutarlo de manera contundente, dando así la impresión de que la afirmación ha sido desmentida.

Nota. *Sinónimas* son dos palabras que nombran el mismo concepto. *Homónimos* son dos conceptos que se nombran con la misma palabra (véase Aristóteles, *Tópicos*, I, 13). 'Bajo', 'agudo' y 'alto' son *homónimos*, porque se utilizan tanto para describir un objeto como para caracterizar un sonido. 'Honrado' y 'honesto' son *sinónimos*.

Esta estratagema se puede identificar con el sofisma *ex homonymia* [por homonimia], aunque este resulta tan obvio que no engaña a nadie:

> *Omne lumen potest extingui.*
> *Intellectus est lumen.*
> *Intellectus potest extingui.*
>
> [Toda luz puede apagarse.
> El entendimiento es una luz.
> El entendimiento puede apagarse].

En este caso salta a la vista que hay cuatro *termini* [términos]: *lumen* tomado en sentido propio y *lumen* tomado en sentido metafórico. Sin embargo, hay ejemplos más sutiles que pueden inducir a error, especialmente, cuando los conceptos que se designan con la misma palabra están relacionados entre sí y se solapan uno con otro.

Ejemplo 1.[11] A dice: «Aún no se ha iniciado usted en los misterios de la filosofía kantiana». B le responde: «¡Ah, no me hable! No quiero saber nada de misterios».

Ejemplo 2. Critiqué el principio del honor, según el cual quien sufre una ofensa queda deshonrado, a menos que responda con una ofensa mayor o la lave con sangre, ya sea la del adversario o la propia, considerándolo un principio irracional. El argumento que utilicé para respaldar mi afirmación es que el verdadero honor no se ve afectado por lo que uno sufre, sino por lo que hace, pues cualquiera de nosotros puede ser víctima de un agravio. El adversario atacó mi razonamiento di-

---

11. Los ejemplos que presento son inventados y carecen de la sutileza necesaria para ser engañosos; por eso recomiendo que cada cual recoja los que estime adecuados basándose en su propia experiencia. Sería útil asignar a cada estratagema un nombre claro y conciso que permita identificarla y, llegado el caso, rechazarla de inmediato.

rectamente, con contundencia, señalando que si a un comerciante se le acusa de fraude, falta de honradez o negligencia en sus negocios, esto constituye un ataque a su honor, que resulta perjudicado por tal calumnia y solo puede repararse castigando al ofensor y obligándole a que se retracte públicamente.

En este caso, el adversario recurrió a la homonimia para equiparar el *honor de un ciudadano*, lo que habitualmente conocemos como *buena reputación*, que resulta vulnerado cuando se difunden *injurias y calumnias*, con el *honor caballeresco*, conocido también como *point d'honneur* [pundonor], al que dañan las *ofensas*. Si aceptamos que un ataque contra el primero no debe pasarse por alto y que las acusaciones falsas han de ser desmentidas públicamente, entonces, siguiendo la misma lógica, un ataque contra el segundo tampoco debe quedar sin respuesta, hay que reaccionar con otra ofensa mayor o resolver el asunto mediante un duelo. De este modo, la homonimia de la palabra 'honor' da pie a que dos ideas esencialmente distintas acaben mezclándose, lo que provoca una *mutatio controversiae* [cambio en el objeto de la discusión].

Estratagema 3

Tomar la afirmación[12] que se ha formulado en términos relativos, κατά τι, *relative*, como si se hubiera hecho en términos generales, absolutos, ἁπλῶς, *simpliciter*, *absolute*, o, al menos, interpretarla en un sentido diferente del original para luego refutarla. El ejemplo que pone Aristóteles es el siguiente: «El moro es negro, pero sus dientes son blancos; por lo tanto, es negro y no es negro al mismo tiempo». Este es un ejemplo ficticio que no engañaría a nadie; pero tomemos uno de la experiencia real.

Ejemplo 1. En una conversación sobre filosofía, reconocí que mi sistema defendía y ensalzaba a los *quietistas*. Poco después, pasamos a hablar de Hegel, y afirmé que la mayor parte de lo que había escrito no son más que disparates, o al menos, que las palabras que utiliza carecen de sentido si el lector no se

---

12. *Sophisma a dicto secundum quid ad dictum simpliciter* [sofisma que consiste en pasar de una afirmación con matices, referida a un aspecto secundario, a otra formulada sin más, en términos absolutos]. Según Aristóteles, el segundo modo de refutar se da ἔξω τῆς λέξεως: [...] τὸ ἁπλῶς, ἢ μὴ ἁπλῶς, ἀλλὰ πῆ ἢ ποῦ, ἢ ποτὲ, ἢ πρός τι λέγεσθαι [al margen de la expresión: [...] hablar de manera absoluta, o no absoluta, sino bajo algún aspecto, o en algún sitio, o en alguna ocasión, o respecto a algo], *Refutaciones sofísticas*, IV.

lo da. El adversario no se atrevió a rebatirme utilizando un argumento *ad rem*, sino que se conformó con presentar uno *ad hominem*, señalando que yo acababa de «alabar a los quietistas a pesar de la cantidad de disparates que escribieron». Le di la razón, pero aproveché para puntualizar que no había elogiado a los quietistas como filósofos y escritores, por sus aportaciones *teóricas*, sino solo como seres humanos, por su conducta, por su comportamiento *práctico*. En el caso de Hegel, me refería exclusivamente a sus teorías. De este modo conseguí parar el ataque.

Las tres primeras estratagemas están relacionadas entre sí; tienen en común el hecho de que, en realidad, el adversario habla de algo distinto de lo que se ha planteado. Si uno se dejara desarmar de esta manera, incurriría en una *ignoratio elenchi* [desconocimiento de la refutación]. En todos los ejemplos propuestos, lo que dice el adversario es cierto, no entra en contradicción con la tesis, solo lo parece; por lo tanto, quien es atacado deberá negar la consecuencia de la conclusión del adversario, es decir, que de la verdad de su postulado se desprenda la falsedad del nuestro. Es, pues, una refutación directa de su refutación *per negationem consequentiae* [por negación de la consecuencia]. En ocasiones, no se admiten premisas que son verdaderas porque se prevé su consecuencia. Hay dos maneras de evitarlo, que se exponen en las estratagemas 4 y 5.

Estratagema 4

Cuando se pretende llegar a cierta conclusión, no debemos anticiparla, sino procurar que el adversario vaya aceptando una a una las premisas que conducen a ella, distribuyéndolas, sin que se dé cuenta, a lo largo de la conversación; de otro modo, utilizará todo tipo de argucias para impedir que culminemos nuestro razonamiento. Cuando existen dudas de que el adversario vaya a aceptarlas, hay que plantear las premisas de estas premisas formulando prosilogismos. La estrategia consiste en plantear proposiciones sin orden ni concierto, ocultando nuestra jugada hasta que haya admitido todo lo que queríamos. Luego se vuelve al principio para recapitular. Esta estratagema ya la expuso Aristóteles (*Tópicos*, VIII, 1).

No requiere ejemplo alguno.

Estratagema 5[13]

Se pueden utilizar premisas falsas para respaldar un postulado, cuando el adversario no admite las verdaderas, bien porque no reconoce su verdad, bien porque anticipa la consecuencia que se desprende de ellas. En este caso se plantean argumentos que son falsos en sí mismos, pero verdaderos *ad hominem*, y se argumenta *ex concessis*, tomando como punto de partida el razonamiento del adversario, pues de una premisa falsa podemos llegar a una conclusión verdadera, mientras que de una verdadera no se sigue nada falso. Por otra parte, las afirmaciones falsas del adversario se pueden refutar con otras afirmaciones falsas que él considera verdaderas. Sabemos con quién discutimos y cuáles son sus razonamientos, así que podemos hacer que se vuelvan contra él. Por ejemplo, si pertenece a alguna facción con la que no estamos de acuerdo, podríamos adoptar las máximas de esta como *principia* (principios) y utilizarlas para rebatirle (Aristóteles, *Tópicos*, VIII, 9).

13. Pertenece a la anterior.

Estratagema 6

Se finge una *petitio principii* [petición de principio] postulando lo que habría que probar. Para ello, se puede: 1) llamar a las cosas por otro nombre, por ejemplo, utilizar 'honor' en lugar de 'buena reputación', 'virginidad' en lugar de 'virtud', etc.; o mezclar conceptos relacionados entre sí, como 'animales de sangre caliente' y 'animales vertebrados'; 2) hacer que se acepte de modo general lo que sería discutible en un caso particular; por ejemplo, afirmar que debemos dudar de la medicina como dudamos de todo saber humano; 3) invertir el razonamiento, de manera que cuando dos cosas sean consecuentes la una de la otra, en lugar de demostrar la primera, se postule la segunda; 4) hacer que se acepte en particular lo que sería discutible en términos generales (lo contrario del número 2) (Aristóteles, *Tópicos* VIII, 11).

El último capítulo de los *Tópicos* de Aristóteles ofrece pautas muy útiles para quien desee *ejercitarse* en la dialéctica.

Estratagema 7

Cuando la discusión se desarrolla con cierto rigor, en un entorno formal, y queremos asegurarnos de que se nos entiende con absoluta claridad, quien ha realizado la afirmación que debe ser demostrada, procederá *preguntando* al adversario para poder deducir de sus respuestas la verdad de esta. Este método 'erotemático' fue utilizado, sobre todo, en la Antigüedad (se conoce también como método socrático). A él se refiere la presente estratagema y algunas que después la seguirán. (Todas ellas son adaptaciones libres de las que se presentan en el capítulo 15 de las *Refutaciones sofísticas* de Aristóteles).

Conviene extenderse en el interrogatorio y formular muchas preguntas para apartar la atención del adversario de lo que en realidad queremos que admita. En cambio, a la hora de presentar las conclusiones que se derivan de lo admitido, debemos ser ágiles, para que quienes son lentos en comprender no puedan examinar los detalles de nuestra argumentación y pasen por alto sus posibles errores y lagunas.

Estratagema 8

Provocar la cólera del adversario, porque, en su furor, no estará en condiciones de juzgar rectamente ni podrá sacar partido de la ventaja que pueda tener. Para ello, lo someteremos a un trato injusto, con el mayor descaro, acosándolo y mostrándonos insolentes con él.

Estratagema 9

Formular las preguntas en un orden distinto del que exige la conclusión a la que se desea llegar, presentándolas de manera desarticulada. De este modo, el adversario no sabrá a dónde queremos ir a parar y no podrá anticipar la conclusión. Además, podremos utilizar sus respuestas para afirmar una cosa y la contraria, según nos convenga. Esta estratagema se parece a la número 4, ya que consiste en ocultar tras una máscara la lógica que seguiremos en nuestra argumentación.

Estratagema 10

Si advertimos que el adversario niega de manera deliberada aquellas preguntas que necesitamos que responda afirmativamente para defender nuestros postulados, debemos preguntar lo contrario, como si esto conviniera a nuestro propósito, o, por lo menos, ofrecerle ambas opciones y dejarle escoger, de manera que no sepa cuál de las dos deseamos que apruebe.

Estratagema 11

Si procedemos por inducción y el adversario admite como válidos los casos particulares que vienen a demostrar la proposición general, no debemos preguntarle si la acepta, sino que debemos dar por sentado que ya lo ha hecho y que está de acuerdo con nosotros. Si actuamos con rapidez es probable que termine creyendo que realmente es así, y lo mismo les sucederá a los testigos del debate, pues tendrán en mente las numerosas preguntas que se plantearon sobre los casos particulares y que conducían, de un modo otro, a tal conclusión.

Estratagema 12

Si la conversación gira en torno a un concepto general que carece de nombre propio y, por lo tanto, debemos referirnos a él de manera figurada, a través de una metáfora, hay que elegir un término que nos ayude a defender nuestros postulados. Así, por ejemplo, los nombres que designan a los dos partidos políticos en pugna en España, '*serviles*' y '*liberales*',[14] los escogieron, sin duda, estos últimos. El nombre de

14. En castellano en el original. *(N. del T.).*

'protestantes' se lo pusieron ellos mismos, igual que el de 'evangélicos'; el de 'herejes', en cambio, se lo impusieron los católicos.

Lo mismo se puede decir de los nombres de las cosas: hay optar siempre por los que convengan a nuestro interés. Por ejemplo, si el adversario propone un '*cambio*', nosotros lo llamaremos '*desviación*', pues esta palabra tiene un matiz peyorativo. Actuaremos de manera contraria si somos nosotros quienes hacemos la propuesta. En el primer caso, lo opuesto sería el 'orden establecido', y en el segundo, el 'régimen opresor'. Lo que una persona imparcial y objetiva llamaría 'culto' o 'manifestación pública de la fe', se convertiría en 'devoción' o 'piedad' para sus partidarios y en 'beatería' o 'superstición' para sus detractores. En el fondo se trata de una *petitio principii* que se presenta de una manera sutil: lo que se quiere demostrar ya está implícito en la palabra, en la denominación, de donde se deduce mediante un simple juicio analítico. Lo que uno llama 'recluir' o 'poner bajo custodia', su oponente lo llama 'encerrar'. No es extraño que un orador revele de antemano sus intenciones por los nombres que da a las cosas. Uno habla del 'clero'; otro de los 'curas'. De todas las estratagemas, esta es la que más habitual y también la más intuitiva. El 'fervor religioso' se convierte en 'fanatismo'; un 'desliz' o una 'aventura' en 'adulterio'; la 'desenvoltura' en 'obscenidad'; un 'desajuste contable' en 'bancarrota'; las 'influencias' y los 'contactos' en 'corrupción' y 'nepotismo'; y una 'gratificación' en una 'buena remuneración'.

Estratagema 13

Para lograr que el adversario acepte un postulado podemos presentarle su contrario y darle a elegir, pero maximizando la diferencia entre uno y otro, de modo que, si no quiere caer en una paradoja, tenga que reconocer que nuestra postura es la más correcta. Por ejemplo: si queremos que el adversario admita que uno debe hacer todo lo que su padre le diga, le preguntaremos: «¿Hay que obedecer o desobedecer a los padres en todo lo que nos digan?». De la misma manera, si afirma que una cosa ocurre «a veces», le preguntaremos si se refiere a «pocas veces» o a «muchas veces»; él dirá que a «muchas». Es como si ponemos el color gris al lado del negro, para que parezca blanco, y luego al lado del blanco para que parezca negro.

Estratagema 14

Hay un truco descarado que se puede utilizar cuando hemos planteado varias preguntas al adversario y sus respuestas no respaldan la conclusión a la que queríamos llegar. Levantamos la voz y declaramos triunfalmente que nuestra afirmación ha quedado demostrada, aunque no sea así. Si es una persona tímida o estúpida, y nosotros contamos con la suficiente desfachatez y una buena voz, puede que la jugada nos salga bien. Esta estratagema corresponde a la *fallacia non causae ut causae* [literalmente, 'falacia de la causa que no es causa', conocida también como falacia de causa falsa, se produce cuando se toma como causa de algo lo que ha ocurrido inmediatamente antes, aunque esto carezca de fundamento].

Estratagema 15

Cuando tenemos dificultades para defender un postulado que resulta paradójico, planteamos al adversario otro correcto, aunque no del todo evidente, para que lo acepte o lo rechace, como si fuéramos a utilizarlo como base para nuestra argumentación. Si desconfía de nosotros y lo rechaza, podremos refutarlo con un argumento de reducción *ad absurdum* y habremos triunfado. Si lo acepta, por lo menos habremos dicho algo razonable y tendremos que ver cómo se desarrolla el asunto. También podemos recurrir a la estratagema anterior y asegurar que nuestra afirmación era cierta y ha quedado demostrada. Para esto hace falta una desfachatez extrema, que requiere práctica, aunque también hay gente que intuye desde el primer momento cómo sacar partido de ella.

Estratagema 16

Argumenta ad hominem o *ex concessis*. Cuando el adversario hace una afirmación, debemos examinar si contradice, aunque solo sea aparentemente, algo que él mismo haya dicho o admitido con anterioridad, los principios de una escuela o facción que haya elogiado o aprobado, la conducta de los seguidores de dicho grupo, reales o supuestos, o su propia conducta. Por ejemplo, si defiende el suicidio, podemos salir con un: «¿Por qué no te ahorcas tú?». Si afirma que no le gusta vivir en Berlín, podemos soltar un: «¿Por qué no te marchas en el primer coche de postas?». Siempre encontraremos alguna excusa para ponerlo en un aprieto.

Estratagema 17

Si el adversario nos acorrala utilizando una prueba que refuta nuestro argumento, seguramente podamos salir airosos introduciendo alguna distinción sutil en la que no habíamos pensado hasta entonces, siempre que el asunto admita una doble interpretación o se pueda dividir en dos casos diferentes.

Estratagema 18

Si nos damos cuenta de que el adversario ha iniciado una argumentación con la que va a derrotarnos, no debemos permitir que la desarrolle hasta el final; hay que interrumpir el debate, desviarlo o cambiar de tema, llevándolo hacia otras cuestiones. En suma, debemos provocar una *mutatio controversiae* [cambio del tema de la discusión]. (La estratagema 29 está relacionada con esto).

Estratagema 19

Si el adversario nos pide expresamente que refutemos un punto concreto de su argumentación, pero no tenemos nada que objetar, debemos llevar el asunto a un nivel más general y centrar en él nuestras críticas. Si nos piden que expliquemos por qué no se puede confiar en una determinada hipótesis física, recordaremos que el saber humano es engañoso y lo ilustraremos con todo tipo de ejemplos.

Estratagema 20

Si hemos interrogado al adversario y hemos conseguido que acepte nuestras premisas, no debemos pedirle además que extraiga la conclusión, sino que debemos sacarla directamente nosotros mismos. Es más, incluso si falta alguna de las premisas, podemos darla por admitida y proceder con la conclusión. En ese caso, estaríamos haciendo uso de la *fallacia non causae ut causae*.

Estratagema 21

Si el adversario utiliza un argumento falaz o sofístico y lo identificamos con claridad, podremos desmontarlo fácilmente explicando su carácter capcioso, engañoso. No obstante, es mucho más efectivo replicarle con otro argumento igual de falaz y sofístico para desarmarlo de inmediato, pues lo que importa no es la verdad, sino la victoria. Si él utiliza un *argu-*

mentum ad hominem, bastará con esgrimir un argumento análogo (*ad hominem*, *ex concessis*) para invalidarlo. En general, en lugar de enzarzarse en una larga discusión sobre la verdadera naturaleza del asunto, es más práctico poner de manifiesto las contradicciones en las que cae el adversario, si se presenta esa oportunidad.

Estratagema 22

Si el adversario nos presiona para que admitamos una proposición de la que se desprende el problema objeto de debate, podemos negarnos alegando que se trata de una *petitio principii*, ya que tanto él como los presentes tenderán a confundir dicha proposición, estrechamente relacionada con el problema, con el problema mismo. De este modo, le privaremos de su mejor argumento.

Estratagema 23

La discrepancia y la controversia incitan a la *exageración*. Podemos provocar al adversario llevándole la contraria para que se exceda en una afirmación que, en sí misma y en sus justos términos, podría ser verdadera. Refutando la exageración parecerá que hemos refutado la afirmación de la que partía. Del mismo modo, debemos cuidar de que al contradecirnos no nos lleven a exagerar o a extralimitarnos en nuestras afirmaciones. No es raro que el adversario intente forzar los términos en los que nos habíamos expresado. En ese caso, debemos detenerlo de inmediato y devolver el discurso a los límites que habíamos fijado, diciendo: «Esto es lo que he dicho, ni más ni menos».

Estratagema 24

Utilizar alguna maniobra para forzar conclusiones. Se toma uno de los postulados del adversario y se manipula retorciendo los argumentos, distorsionando los conceptos, para llegar a una conclusión falsa, que no se deriva de sus afirmaciones y que de ningún modo se corresponde con la opinión que ha manifestado, pero que resulta absurda o peligrosa. Parecerá que de su postulado se derivan proposiciones que se contradicen a sí mismas o que contradicen verdades reconocidas, lo que se considera una refutación indirecta, *apagoge*. Una vez más hacemos uso de la *fallacia non causae ut causae*.

Estratagema 25

Plantear una *apagoge* basada en una *instancia*. La epagoge, ἐπαγωγή, *inductio* [inducción], requiere examinar una gran cantidad de casos para poder formular una proposición general. A la apagoge, ἀπαγωγή, *reductio,* le basta con presentar un único caso que contradiga la proposición para echarla por tierra; este caso se conoce con el nombre de instancia, ἔνστασις, *exemplum in contrarium.* Por ejemplo, la proposición «todos los rumiantes tienen cuernos» cae por su base en el momento en que presentamos el camello como instancia.

La instancia es un caso que debería responder a una verdad general, que debería encajar en cierta categoría, pero, como esto no se cumple, la verdad queda refutada. Ahora bien, como no es raro que se den engaños, cuando el adversario recurre a una instancia, hay que plantearse: 1) si el caso es real, pues bien puede ocurrir que los hechos que se exponen a nuestra consideración sean falsos, como ocurre con numerosos milagros, con las historias de fantasmas, etc.; 2) si hablamos efectivamente de la verdad establecida, pues a menudo solo lo parece y se hace necesario establecer criterios precisos con los que juzgarlo; 3) si contradice efectivamente esa verdad, pues, a menudo, como se ha dicho, tan solo lo parece.

Estratagema 26

Un truco brillante es lo que se conoce como *retorsio argumenti* [dar la vuelta al argumento]. Consiste en tomar el argumento que el adversario quiere utilizar a su favor y volverlo en su contra. Por ejemplo, si dice: «Es solo un niño, hay que ser indulgente con él», la *retorsio* sería: «Precisamente porque es un niño hay que corregirlo, para que no adquiera malos hábitos».

Estratagema 27

Si el adversario se enfada de pronto ante un argumento, hay que insistir en él; no solo porque nos conviene que pierda los nervios, sino porque hay que suponer que hemos dado con el punto débil de su razonamiento y esto puede procurarnos una ventaja con la que no contábamos.

Estratagema 28

Esta estratagema es especialmente útil cuando un especialista debate ante un público que no está versado en el tema. Si no dispone de un *argumentum ad rem*, ni siquiera de uno *ad hominem*, puede emplear uno *ad auditores* [al auditorio], es decir, formular una objeción que no es válida, pero que solo puede reconocer un experto. El adversario lo es, pero el público no, así que pensará que lo hemos derrotado, sobre todo si la observación que hemos hecho pone en ridículo de algún modo sus afirmaciones. A la gente le gusta reírse; si le damos motivos para ello, se pondrá de nuestra parte. Para demostrar que nuestra objeción no es válida, el adversario tendría que ofrecer una extensa explicación, recurriendo a principios científicos y técnicos que el público no estará dispuesto a escuchar.

Por ejemplo, si el adversario dice: «Cuando se formaron las primeras montañas, la masa a partir de la cual cristalizaron el granito y el resto de las rocas se encontraba en estado líquido, derretida a causa del calor. La temperatura debía de rondar los 250 °C y la masa cristalizó bajo las aguas del mar que la cubría». Podemos formular un argumento *ad auditores*, alegando que a esa temperatura, antes incluso, al alcanzar los 100 °C, el mar habría empezado a hervir y se habría evaporado. El público se echará a reír. Para refutarnos, el adversario debería explicar que el punto de ebullición del agua no depende solo de la temperatura, sino también de la presión, y que, aunque se evaporase la mitad del agua del mar, esta seguiría siendo tan grande que ni siquiera a 250 °C se produciría ebullición. Pero no lo hará, porque necesitaría un tratado de física que los profanos no van a entender.

Estratagema 29

Si uno se da cuenta de que va a ser derrotado, puede recurrir a una *diversión*, que consiste en cambiar de tema y comenzar a hablar de otra cosa distinta, como si esta tuviera que ver con el asunto que se dirime y constituyese un nuevo argumento contra el adversario. Se puede hacer de manera discreta, desviando la atención con algo que aún podría tener que ver con el *thema quaestionis* [el tema en cuestión]; o de forma descarada, cuando solo atañe al adversario y no afecta al objeto del debate.

Por ejemplo, elogié el hecho de que en China no exista nobleza hereditaria y que para acceder a un cargo público haya que superar unos exámenes. Mi adversario afirmó que el saber capacita para el ejercicio de un cargo público tanto o tan poco como el proceder de determinado linaje (algo que a él le merecía el mayor respeto). Pero entonces se dio cuenta de que este argumento iba a hundirlo y recurrió de inmediato a una diversión. Mencionó que en China todos los ciudadanos pueden ser sometidos a castigos corporales, con independencia de la clase social a la que pertenezcan, y vinculó esta práctica con el consumo excesivo de té, criticando al país por ambas cosas. De haber respondido a todo esto, habría perdido el hilo del debate y, con ello, la victoria que yo ya estaba a punto de obtener.

La diversión resulta descarada cuando se aparta por completo del asunto que estamos tratando y entra en el terreno privado. Es lo que ocurre cuando alguien dice: «Sí, pero, por otro lado, hace poco que usted afirmaba, etc.», lo que constituye, en cierto modo, un ataque personal, del que hablaremos en la última estratagema. Considerada en sentido estricto, la diversión está a medio camino entre el *argumentum ad personam* [argumento dirigido contra la persona] y el *argumentum ad hominem.*

Observar cómo discute el vulgo nos mostrará hasta qué punto es una estratagema natural y casi innata. Cuando alguien hace un reproche a otro, este no responde con argumentos, sino con un nuevo reproche. No rechaza la acusación que han lanzado contra él, lo que es tanto como admitirla. Se comporta como Escipión, que no atacó a los cartagineses en Italia, sino en África. En la guerra, la diversión puede resultar útil en determinadas circunstancias. En una disputa siempre es una mala estrategia, porque los reproches que recibimos quedan sin respuesta, y el público escucha lo peor de ambas partes. Por eso, solo debe emplearse *faute de mieux* [a falta de algo mejor].

Estratagema 30

El *argumentum ad verecundiam* [argumento que apela a la reputación del adversario, quien evita quedar en evidencia; se conoce también como argumento de autoridad]. En vez de aportar razones, se recurre a autoridades que se escogen en función del nivel de conocimiento del adversario.

Unusquisque mavult credere quam iudicare [todo el mundo prefiere creer antes que juzgar], dice Séneca (*Sobre la felicidad*, I, 4). Por eso, tendremos mucho ganado si apelamos a una autoridad que el adversario respeta. Cuanto más limitados sean sus conocimientos y capacidades, más autoridades le parecerán válidas. Si posee una erudición o un intelecto de primer orden reconocerá muy pocas o ninguna. A lo sumo, aceptará la opinión de expertos en ciencias, artes u oficios de los que sabe poco o nada, y aun así con desconfianza. La gente sencilla, en cambio, siente un enorme respeto por los especialistas de cualquier área. No sabe que quien se dedica a una profesión no lo hace tanto porque le guste como por el beneficio que obtiene de ella, que quien enseña una materia rara vez conoce todos sus secretos, pues, si la estudiara a fondo, no le quedaría tiempo para enseñarla. Para el *vulgus* [el vulgo, el pueblo llano] hay muchas autoridades dignas de respeto. Si no encontramos una adecuada al caso, se sustituye por otra que lo parezca, dando un sentido distinto a sus palabras o situándolas en otro contexto. Las citas que el adversario no entiende suelen ser las más eficaces. Quienes carecen de formación sienten un respeto especial por las expresiones en griego y latín. En caso de apuro, los textos no solo pueden ser tergiversados, sino falsificados e incluso inventados, pues la mayoría de las veces el adversario no tiene el libro a mano o no sabe cómo consultarlo. Un ejemplo magistral nos lo ofrece aquel cura francés que, para no tener que pavimentar la parte de la calle que le correspondía por estar frente a su casa, una obligación que todo ciudadano debía cumplir, citó un pasaje de la Biblia: *paveant illi, ego non pavebo* [que tiemblen ellos, yo no temblaré; el verbo latino *pavere*, 'temblar, tener miedo', se asemeja al francés *paver*, 'pavimentar']. Esto convenció a las autoridades municipales. Cuando un *prejuicio* está lo suficientemente *extendido* también se puede recurrir a él como argumento de autoridad, pues la mayoría de las personas coincide con Aristóteles en que ἃ μὲν πολλοῖς δοκεῖ ταῦτα γε εἶναι φαμέν [decimos que es cierto lo que así le parece a la mayoría]. En efecto, no existe opinión alguna, por absurda que sea, que los hombres no asuman como propia, si se les hace creer que está *universalmente aceptada*. El ejemplo influye tanto en su pensamiento como en sus actos. Son como ovejas que siguen al carnero que va delante allá donde las lleve. Les resulta más fácil morir que pensar. Es curioso que una opinión comúnmente aceptada tenga tanto peso sobre ellos, cuando pueden observar en sí mismos la facilidad con la que se suman a un juicio sin crítica alguna, solo en virtud del ejemplo. Pero no se dan cuenta, porque han renunciado a la introspección. Solo los elegidos pueden decir con Platón: τοῖς πολλοῖς πολλὰ δοκεῖ [somos muchos y tenemos muchas opiniones]. El *vulgus* tiene la cabeza llena de tonterías y, si tuviéramos que ocuparnos de ellas, nunca acabaríamos.

Si hablamos en serio, el hecho de que *una opinión* sea *universalmente aceptada* no prueba que sea verdad, ni siquiera es un argumento para concederle credibilidad. Quienes sostengan lo contrario tendrán que admitir: 1) que el paso del *tiempo* pone su postulado en entredicho; de no ser así, deberían abrazar todos aquellos errores que en épocas pasadas fueron considerados verdades universales como, por ejemplo, el sistema ptolemaico, incluso habría que reinstaurar el catolicismo en los países protestantes; 2) que la distancia en el *espacio* tiene el mismo efecto; de no ser así, los seguidores del budismo, del cristianismo y del islam se verían en un serio apuro (véase Bentham, *Táctica de las asambleas legislativas*, vol. II, p. 76).

Si se examinan a la luz de los hechos, las *opiniones universalmente aceptadas* resultan ser las opiniones de dos o tres personas. Si pudiéramos observar cómo nacen, no nos cabría duda de que es así. Veríamos que, en un principio, fueron dos o tres individuos quienes las adoptaron, las formularon y las defendieron. El resto creyó benévolamente que las habían examinado a fondo. Se dio por sentado que estaban lo suficientemente capacitados para realizar tal examen y esto indujo a otros a aceptar su opinión. A estos los siguieron más, a los que su pereza les decía que era más fácil creer lo que les habían contado que tomarse la molestia de examinarlo por su cuenta. De este modo, día tras día, fue creciendo el número de crédulos y perezosos que compartían el mismo parecer. La opinión debía de estar bien fundada cuando contaba con el respaldo de tantas voces. ¿Cómo si no habría suscitado tal consenso? Los que quedaban se vieron obligados a aceptar lo que la mayoría consideraba válido para que no los vieran como excéntricos que se rebelaban contra el sentido común o como presuntuosos que pretendían ser más listos que el resto del mundo. A partir de ese momento, respetar el acuerdo se convirtió en un deber. Los pocos que aún eran capaces de juzgar por sí mismos se vieron obligados a guardar silencio. A quienes se permitía hablar era a aquellos que, incapaces de tener opiniones propias, se hacían eco de las ajenas. Ahora son sus defensores más apasionados y fanáticos, pues lo que odian en los que piensan de otra manera no es tanto su opinión como el atrevimiento de querer juzgar por sí mismos, algo que ellos jamás podrían hacer y de lo cual, en el fondo, son conscientes.

En resumen, muy pocos son capaces de pensar, pero todos quieren tener opiniones. ¿Qué otra opción les queda más que adoptar las de otros en vez de formarse las suyas propias? Siendo así, ¿qué valor tiene la voz de cien millones de personas? El mismo que el de un dato histórico recogido por cientos de historiadores cuando se demuestra que lo han copiado unos de otros y resulta que todo se reduce al testimonio de un único individuo (véase Bayle, *Pensamientos sobre los cometas*, vol. I, p. 10).

> *Dico ego, tu dicis, sed denique dixit et ille:*
> *Dictaque post toties, nil nisi dicta vides.*

[Lo digo yo, lo dices tú y, al final, también él lo
      dijo:
cuando se ha dicho tantas veces, no ves sino lo
      que se ha dicho].

A pesar de todo, cuando se discute con gente co-
rriente, puede usarse la opinión general como argumento de autoridad.

Normalmente, cuando dos personas sencillas discuten, es su arma favorita para atacarse el uno al otro. Si
una cabeza mejor dotada tiene que vérselas con gente
así, lo mejor que puede hacer es acomodarse también
él a esta estrategia y utilizarla atendiendo a los puntos
débiles del adversario. Pues, después de sumergirse en
las aguas de la incapacidad para pensar y juzgar, se
habrá convertido, *ex hypothesi* [por hipótesis], en un
Sigfrido invulnerable a la fuerza de los argumentos.

En los tribunales, casi todos los litigios se dirimen
apelando al criterio de autoridad, la de la ley, que está
firmemente asentado. En este caso, la facultad de juzgar se centra en encontrar la norma aplicable a cada
caso concreto. Sin embargo, la dialéctica tiene aún
margen de maniobra, pues, si fuera preciso, se puede
dar la vuelta al caso y a la ley, aunque no encajen del
todo, para que parezca que sí lo hacen, o viceversa,
presentarlos como contradictorios, aunque en principio parezcan encajar.

Estratagema 31

Cuando no tenemos nada que objetar a los argumentos del adversario, podemos reconocer nuestra incompetencia con fina ironía: «Lo que usted dice supera mi limitada capacidad de comprensión; es probable que esté en lo cierto, pero yo no alcanzo a entenderlo y, por lo tanto, debo renunciar a cualquier juicio». Con esto se insinúa ante el público, de cuya consideración gozamos, que lo expuesto por el adversario carece de sentido. Así, cuando apareció la *Crítica de la razón pura*, o mejor dicho, cuando esta empezó a suscitar interés, muchos profesores de la vieja escuela ecléctica dijeron: «Nosotros no la entendemos», creyendo que de ese modo conseguirían desacreditarla. Ahora bien, cuando algunos seguidores de la nueva escuela les demostraron que, en efecto, no la habían entendido, se pusieron de muy mal humor.

Esta estratagema solo debe usarse cuando tenemos la certeza de que el público nos respeta más que al adversario: por ejemplo, cuando un profesor se enfrenta a un alumno. En realidad, está en la línea de la estratagema anterior, ya que se vale de la *propia autoridad* en lugar de ofrecer argumentos, solo que lo hace de una manera especialmente retorcida. La jugada contraria consiste en responder: «Por favor..., para una persona tan perspicaz como usted, esto debe de ser un juego de niños; si algo impide que lo entienda, solo puede ser mi torpe explicación». Acto seguido, para restregárselo en las narices, se le expone el asunto de manera tan clara y detallada que tenga que entenderlo *nolens volens* [quiera o no quiera], demostrando así que efectivamente no lo había entendido. De este modo se le devuelve el golpe: él pretendía insinuar que nuestras palabras carecían de sentido y nosotros hemos demostrado que no era capaz de comprenderlas. Ambas cosas con la más exquisita cortesía.

Estratagema 32

Una forma rápida de rechazar o, al menos, poner en duda una afirmación del adversario que contradice nuestro razonamiento consiste en asociarla con algo odioso, aunque la relación sea vaga o no esté justificada. Por ejemplo: «Eso es maniqueísmo, eso es arrianismo, eso es pelagianismo, eso es idealismo, eso es spinozismo, eso es panteísmo, eso es brownianismo, eso es naturalismo, eso es ateísmo, eso es racionalismo, eso es espiritualismo, eso es misticismo, etc.». Al hacer esto, suponemos dos cosas: 1) que la afirmación se corresponde con esa categoría o, al menos, está contenida en ella, y podemos exclamar: «¡Oh, eso no es nuevo para nosotros!», y 2) que dicha categoría ya ha sido refutada y no contiene ni un ápice de verdad.

Estratagema 33

«Eso puede ser cierto en teoría, pero en la práctica es falso». Este sofisma nos permite aceptar el razonamiento, pero negar sus consecuencias, lo que contradice el principio *a ratione ad rationatum valet consequentia* [la conclusión es válida cuando el razonamiento del que deriva también lo es]. Afirmar tal cosa es imposible: lo que es cierto en la teoría debe serlo también en la práctica. Si esto no se verifica, es porque la teoría es errónea: hay algo que hemos pasado por alto o que no se ha tomado en consideración y, por eso, no es válida.

Estratagema 34

Si el adversario no contesta directamente a una pregunta o a un razonamiento, sino que trata de esquivarlo formulando otra pregunta, dando una respuesta incongruente o realizando una observación que carece de relación alguna con lo que tratamos y nos aparta del tema del debate, es un signo inequívoco de que hemos dado (a veces sin saberlo) con uno de los puntos débiles de su argumentación. Su silencio es muy *elocuente*. Hay que insistir en la pregunta que hemos planteado, no debemos permitir que el adversario se desvíe, aunque no sepamos aún en qué consiste exactamente la debilidad que nos ha revelado.

Estratagema 35

Cuando la podemos poner en práctica hace innecesarias todas las demás. En lugar de influir en el intelecto por medio de razones, se influye en la voluntad por medio de motivos; de este modo, tanto el adversario como el público, si comparten el mismo interés, se pondrán de nuestro lado y respaldarán nuestra opinión, aunque la hayamos sacado directamente de un manicomio. Y es que la mayoría de las veces una onza de voluntad tiene más peso que un quintal de inteligencia y de persuasión. Como es natural, esta estratagema solo da resultado en unas condiciones muy determinadas. Hay que convencer al adversario de que el triunfo de su opinión supondría un grave perjuicio para sus intereses. Entonces se apartará de ella con la misma rapidez con la que se suelta un hierro candente que se ha agarrado sin querer. Por ejemplo, si un clérigo defiende un dogma filosófico y se le hace notar que contradice un dogma fundamental de su iglesia, renunciará a él de inmediato.

Un terrateniente elogia la industrialización que se está llevando a cabo en Inglaterra, donde una máquina de vapor realiza el trabajo de varios hombres; le hacemos comprender que muy pronto los carros de caballos también serán sustituidos por máquinas de vapor, lo que hará bajar el precio de su numerosa yeguada, y veremos qué es lo que ocurre. En estos casos, la sensación que impera es la que expresa la máxima *quam temere in nosmet legem sancimus iniquam* [qué imprudentes somos al dictar una ley arbitraria que va en contra de nuestros propios intereses].

Lo mismo ocurre cuando tanto el público como nosotros formamos parte de la misma facción, gremio, sindicato, club, etc., pero el adversario no. Por muy justa que sea su tesis, en cuanto insinuemos que va en contra de los intereses de dicho gremio, etc., todos los presentes reprobarán los argumentos del adversario considerándolos, por excelentes que sean, débiles y deplorables, en tanto que los nuestros, aunque carezcan de fundamento alguno, se tendrán por justos y acertados. Alzarán sus voces a coro, tomarán partido por nosotros y el adversario tendrá que abandonar el campo avergonzado. De hecho, la mayoría de las veces el público nos respaldará con sincera convicción, pues aquello que va en contra de nuestros intereses suele parecerle absurdo al intelecto. *Intellectus luminis sicci non est recipit infusionem* a *voluntate et affectibus* [el intelecto no es luz que arda sin aceite, sino que se alimenta de la voluntad y las pasiones]. Podríamos decir que esta estratagema consiste en «arrancar la cepa de raíz». Por lo general se la conoce como *argumentum ab utili* [argumento de utilidad].

Estratagema 36

Aturdir y desconcertar al adversario con un aluvión de palabras sin sentido. Esta estratagema se basa en el hecho de que «por lo general, cuando escucha palabras, el hombre tiende a pensar que estas deben de dar a entender algo».

Si el adversario es consciente de su propia debilidad, aunque no lo confiese, si está acostumbrado a escuchar cosas que no entiende y, aun así, actúa como si las comprendiera, entonces podemos impresionarle diciendo con gesto grave algún disparate que suene erudito y profundo, y que le haga perder la capacidad de oír, ver y pensar, presentándolo como la prueba indiscutible de que nuestra tesis es correcta. Como es sabido, algunos filósofos han utilizado recientemente esta estratagema ante el público alemán con un éxito deslumbrante. Pero, como los ejemplos cercanos son *exempla odiosa* [ejemplos odiosos], pondremos uno más antiguo tomado de *El vicario de Wakefield*, de Oliver Goldsmith, un fragmento del capítulo VII:

—¡Bien dicho, Frank! —exclamó el terrateniente—. ¡Que me ahogue con esta copa si una hermosa muchacha no vale más que todos los clérigos del mundo! Pues ¿qué son sus diezmos y sus triquiñuelas más que un fraude descarado, un condenado engaño? ¡Y puedo probarlo!

—Me gustaría verlo —intervino mi hijo Moses—, porque creo que estaría en condiciones de refutarlo.

—Muy bien, caballero —exclamó el terrateniente, dispuesto a burlarlo, mientras nos indicaba con señas que nos preparásemos para reírnos—. Si quiere usted argumentar sobre este tema, acepto el desafío. En primer lugar, ¿cómo prefiere discutir, analógica o dialógicamente?

—Racionalmente —replicó Moses, muy contento de que le dieran la oportunidad de discutir.

—Perfecto —dijo el terrateniente—. En primer lugar, antes de que empecemos, espero que no niegue que todo lo que existe, existe; si no lo admite, no podemos seguir adelante.

—Desde luego —contestó Moses—, creo que puedo admitirlo, y me propongo sacar el mayor provecho de ello.

—Eso espero —dijo el terrateniente—. También admitirá que la parte es menor que el todo.

—También admito eso —contestó Moses—. Es correcto y razonable.

—Supongo —continuó el terrateniente— que no me negará que los tres ángulos de un triángulo suman dos ángulos rectos.

—No puede haber nada más evidente —concedió el otro, mirando alrededor con cierta suficiencia.

—Muy bien —contestó el terrateniente, que comenzó entonces a hablar más deprisa—, dado que las premisas están claras, empezaré por observar que la concatenación de las existencias que existen en sí mismas proceden según una razón dual y recíproca, que, como es natural, produce un dialogismo problemático, lo que, de alguna manera, demuestra que la esencia de la espiritualidad debe referirse al segundo *praedicabile*.

—Un momento, un momento —le interrumpió Moses—. No puedo aceptar eso. ¿Cree usted que voy a someterme sin más a doctrinas tan heterodoxas?

—¿Cómo? —replicó el terrateniente, visiblemente alterado—. ¡No es cuestión de someterse! Contésteme con claridad a esta pregunta: ¿Cree usted que Aristóteles tiene razón cuando dice que los relativos guardan relación entre sí?

—Sin duda —replicó Moses.

—Si es así —repuso el terrateniente—, respóndame con sinceridad a esta pregunta: ¿considera usted que el análisis de la primera parte de mi entimema es insuficiente *secundum quoad* o *quoad minus*? Y dígame ahora mismo cuáles son sus argumentos.

—¡Protesto! —exclamó Moses—. No entiendo a dónde quiere llegar con su razonamiento, pero si lo reduce a una proposición sencilla, creo que podría encontrar una respuesta.

—¡Oh, señor! —replicó el terrateniente—. Soy su más humilde servidor, pero creo que usted pretende que yo le proporcione tantos argumentos como inteligencia. No, señor mío, me niego. Me pide usted demasiado.

Esto provocó una gran carcajada entre los presentes. A partir de ese momento, el pobre Moses fue el único serio en medio de aquel grupo de caras alegres. No dijo ni una sola palabra más durante el resto de la conversación.

Estratagema 37

(Que debería ser una de las primeras). Si el adversario tiene razón en el fondo del asunto, pero, afortunadamente para nosotros, elige un argumento equivocado para defender su postura, podremos refutarlo fácilmente y, con él, todo su razonamiento. En el fondo, lo que hacemos es sustituir un *argumentum ad hominem* por uno *ad rem*. Si el adversario o los presentes no encuentran una prueba mejor, habremos vencido. Por ejemplo, alguien decide demostrar la existencia de Dios aduciendo como prueba el argumento ontológico, que, como bien se sabe, es muy fácil de refutar. Este es el motivo por el que los malos abogados pierden una causa en la que tienen la justicia de su parte: pretenden defenderla con una ley inadecuada porque no se les ocurre otra mejor.

Estratagema final

Cuando nos damos cuenta de que el adversario es superior y, por lo tanto, tenemos las de perder, lo mejor es llevar la discusión al terreno personal, mostrándonos ofensivos y groseros; es decir, apartarnos del tema del debate (donde tenemos la partida perdida) y dirigir nuestros ataques contra el adversario. A este procedimiento se le puede denominar *argumentum ad personam*, para distinguirlo del *argumentum ad hominem*, que consiste en apartarse del tema para atacar lo que el otro ha dicho o ha admitido sobre él. En el *argumentum ad personam* se deja de lado el tema en sí y se carga contra el adversario en un tono hiriente y sarcástico, ofensivo y grosero. Se trata, en definitiva, de pasar de las facultades intelectuales a la fuerza del cuerpo, a la brutalidad. Esta táctica es muy popular, porque cualquiera puede emplearla y, por ello, se usa con frecuencia. Ahora bien, cabe preguntarse qué estrategia seguirá la otra parte, ya que, si recurre a la misma, el resultado será una pelea, un duelo o un proceso por injurias.

Sería un grave error pensar que basta con no entrar en este juego. Pero demostrarle a alguien con calma que está equivocado y, por lo tanto, que juzga y piensa de manera errónea, lo que sucede en toda victoria dialéctica, lo hiere más que cualquier palabra grosera y ofensiva, ¿Por qué? Porque, como dice Hobbes (*Sobre el ciudadano*, I): *Omnis animi voluptas, omnisque alacritas in eo sita est, quod quis habeat, quibuscum conferens se, possit magnifice sentire de seipso* [Todo placer del ánimo y todo contento residen en que haya alguien en comparación con el cual uno pueda sentirse orgulloso de sí mismo]. Nada halaga tanto al ser humano como la satisfacción de su vanidad, y ninguna herida duele más que aquella que se inflige a su amor propio. (De ahí expresiones como «antes la honra que la vida», etc.). Esta satisfacción, que, como hemos dicho, procede sobre todo de la comparación con los demás, concierne en especial a la inteligencia. Esto es lo que se percibe *effective* [de forma efectiva] y con la máxima intensidad en el debate. De ahí la rabia del vencido, aunque no tenga razón, y también que se acoja, como último recurso, a esta estratagema final, a la que uno no puede responder simplemente con amabilidad. En cualquier caso, conviene mantener la cabeza fría. Cuando el adversario lance un ataque *ad personam*, le responderemos tranquilamente que eso no viene al caso, y seguiremos adelante con nuestro razonamiento para probar su error, sin prestar atención a sus insultos, como hace Temístocles con Euribíades: πάταξον μὲν, ἄκουσον δέ [¡golpéame, pero escúchame!], aunque es cierto que esto no está al alcance de cualquiera.

Por lo tanto, la única regla segura es la que dio Aristóteles en el último libro de los *Tópicos*: no discutir con el primero que se nos presente, sino solo con aquellos a quienes conocemos y de quienes sabemos que poseen la inteligencia necesaria para no presentar argumentos absurdos que los dejen en evidencia, que debaten apoyándose en la lógica y no en sentencias inapelables, que están dispuestos a escuchar y responder en consecuencia, en definitiva, con quienes valoran la verdad y disfrutan de un buen razonamiento, aunque provenga del adversario, y poseen la suficiente ecuanimidad como para admitir que están equivocados cuando es así. De ello resulta que de cada cien personas apenas habrá una con la que merezca la pena discutir. A las demás hay que dejarlas que digan lo que quieran, pues *desipere est iuris gentium* [desvariar es un derecho humano]. Recordemos además lo que decía Voltaire: *la paix vaut encore mieux que la vérité* [la paz vale más que la verdad]. Y un proverbio árabe nos enseña: «Los frutos de la paz penden del árbol del silencio». El debate, entendido como un contraste de ideas, suele ser muy provechoso para ambas partes, pues sirve para rectificar los errores y nos proporciona además nuevos puntos de vista. Sin embargo, para que esto sea así, los contendientes deben estar igualados en cuanto a conocimientos y capacidad intelectual. Si uno carece de los primeros, no entenderá nada, no estará *au niveau* [a la misma altura]. Si carece de la segunda, la frustración le incitará a recurrir a la mala fe, la astucia o la grosería.

No hay gran diferencia entre la discusión en *colloquio privato sive familiari* [conversación privada o familiar] y la *disputatio solemnis publica, pro gradu,* etc. [discusión solemne y pública, para la obtención de un título], salvo que esta última exige que el *respondens* [quien responde] se imponga al *opponens* [oponente, adversario], y por eso, en caso necesario, el *praeses* [quien preside la sesión] ha de socorrerle, y el interpelado ha de argumentar con mayor formalidad, revistiendo sus argumentos con el rigor propio de los silogismos.

Apéndice I

Lógica y dialéctica[15] ya se usaban como sinónimos en la Antigüedad, aunque los verbos λογίζεσθαι, 'examinar', 'reflexionar', 'considerar', y διαλέγεσθαι, 'dialogar', significaban cosas muy distintas. Según Diógenes Laercio, el primero que utilizó el término *dialéctica* (διαλεκτική, 'dialéctica', διαλεκτικὴ πραγματεία 'ejercicio dialéctico', διαλεκτικὸς ἀνήρ, 'hombre dialéctico') fue *Platón*. En *Fedro*, en el *Sofista*, en el libro séptimo de la *República*, etc., se entiende por *dialéctica* el uso correcto de la razón y su ejercicio en el debate de ideas. *Aristóteles* utiliza τὰ διαλεκτικά en este sentido, aunque, según Lorenzo Valla, fue precisamente este filósofo el primero que utilizó λογική con el mismo valor. En sus textos encontramos λογικαὶ δυσχερείαι, es decir,

15. Este es el verdadero comienzo de la dialéctica.

argutiae [artimañas lógicas, argucias], πρότασις λογική [premisa lógica], ἀπορία λογική [aporía lógica]. De ello se deduce que el término διαλεκτική es más antiguo que λογική. Cicerón y Quintiliano utilizaron *dialéctica* y *lógica* con el mismo significado general. Así, Cicerón, en *Lúculo*, recuerda que: *Dialecticam inventam esse, veri et falsi quasi disceptatricem* [la dialéctica se inventó para ser una especie de árbitro entre lo verdadero y lo falso]. Y en el libro segundo de los *Tópicos* señala: *Stoici enim iudicandi vias diligenter persecuti sunt, ea scientia, quam* dialecticam *appellant* [los estoicos examinaron minuciosamente los métodos del juicio mediante la ciencia que llaman *dialéctica*]. Por su parte, Quintiliano escribe: *itaque haec pars* dialecticae, *sive illam* disputatricem *dicere malimus* [así pues, esta parte de la *dialéctica* o, como preferimos llamarla, *argumentación*], lo cual sugiere que utiliza el término latino *disputatrix* como equivalente de διαλεκτική (véase Petrus Ramus, *Dialéctica*, comentada por Audomarus Talaeus, 1569). El uso de los términos *lógica* y *dialéctica* como sinónimos se mantuvo a lo largo de la Edad Media y de la Edad Moderna hasta la actualidad. Sin embargo, en época reciente, sobre todo a partir de Kant, la palabra ha adquirido un sentido peyorativo como el 'arte de la argumentación sofística', de ahí que se prefiera emplear el término 'lógica', por considerarlo más neutral. No obstante, en su origen, ambos conceptos tenían el mismo significado y en los últimos años se han vuelto a utilizar como sinónimos.

Apéndice II

Es una lástima que *dialéctica* y *lógica* se hayan utilizado como sinónimos desde la Antigüedad y que, por lo tanto, no me sea posible distinguir sus significados de la manera que quisiera. Si no fuera así, *definiría lógica* (de λογίζεσθαι, 'examinar', 'considerar', que a su vez procede de λόγος, 'palabra', pero también 'razón', pues ambas son inseparables) como «la ciencia de las leyes del pensamiento, es decir, del modo de proceder de la razón»; y *dialéctica* (de διαλέγεσθαι, 'conversar', toda conversación transmite hechos u opiniones, es decir, es histórica o deliberativa) como «el arte de disputar» (en el sentido que posee actualmente esta palabra). Es evidente que el objeto de estudio de la lógica puede determinarse *a priori*, es decir, no está condicionado por la experiencia, pues estamos hablando de las leyes del pensamiento y del modo en que procede la *razón* (el λόγος), dejada a su arbitrio, sin que nada la perturbe, la reflexión autónoma de un ser racional al que nada indujera a error. La *dialéctica*, en cambio, tendría que ver con la asociación de dos seres racionales que piensan conjuntamente. Cuando sus pensamientos no coinciden como dos relojes que marcan la misma hora, surge una disputa, es decir, una contienda intelectual. Si fueran *pura razón*, ambos individuos estarían de acuerdo. Sus divergencias provienen de las diferencias que son consustanciales a su individualidad, lo que constituye un *elemento empírico*. La *lógica*, como ciencia del pensamiento que estudia el proceder de la razón pura, se podría construir *a priori*; la *dialéctica*, en gran medida, solo *a posteriori*, es decir, partiendo del conocimiento empírico de las conmociones que sufre la razón pura cuando dos seres racionales piensan a la vez, como resultado tanto de sus diferencias individuales como de los medios que ambos emplean para que su opinión personal se imponga a la del otro como si se tratara de una reflexión pura y objetiva. Es propio de la naturaleza humana que, al pensar en común, διαλέγεσθαι, es decir, al intercambiar opiniones (salvo que se trate de discursos de tipo histórico), cuando A advierte que el pensamiento de B difiere del suyo en algún punto, en lugar de revisar su propio razonamiento para ver si aprecia algún fallo, asuma de antemano que el error lo ha cometido el otro; es decir, el ser humano, por naturaleza, aspira a *tener siempre la razón*. La disciplina que estudia las consecuencias de esta tendencia innata es la que yo quisiera llamar *dialéctica*; sin embargo, para evitar confusiones, prefiero denominarla *dialéctica erística*. Así pues, la dialéctica sería la ciencia que estudia cómo procede el ser humano para tener siempre la razón, de acuerdo con su tendencia natural.